世界の伝統柄を編む
ミニチュア ニット コレクション

Contents

アイルランド	A	アランセーター	p.2
	B	アラン帽	p.3
イギリス	C	ガーンジーセーター	p.4
スコットランド	D,E	アーガイルセーター＆靴下	p.5
	F	フェアアイルワンピース	p.6
	G	フェアアイルセーター	p.7
アイスランド	H	ロピーセーター	p.8
ラトビア	I,J	編み込みセットアップ	p.9
スウェーデン	K,L	ビンゲセーター＆スヌード	p.10
	M	デルスボのセーター	p.11
	N	バラ模様のショール	p.12
	O	ボーヒュースカーディガン	p.13
ノルウェー	P	セテスダールコフタ	p.14
	Q	セルブーコフタ	p.15
カナダ	R	カウチンジャケット	p.16
	S	カウチンベスト	p.17
北欧	T	トナカイ柄のチュニック	p.18
	U	三角ミトン	p.19
	V	サーミのケープ	p.20
スコットランド	W	シェットランドレースのショール	
ペルー	X	チュリョ	

編み始める前に　p.21
Point Lesson　p.22
How to make　p.24
編み目記号＆編み方　p.62

アイルランド /Ireland

A アランセーター

代表的なダイヤモンドとケーブルの
模様を組み合わせたセーターです。

Design ✻ 小林ゆか
Yarn ✻ パピー　ブリティッシュファイン
How to make ✻ p.34

アラン/ Aran

アイルランドのアラン諸島（イニシュモア、イニシュマーン、イニシーアの3島）が発祥といわれるアラン模様。その模様を編み込んだアランセーターは、厳しい寒さの中、海へくりだす夫や息子に、女性たちが編んだセーターでした。模様にはそれぞれ意味があり、家ごとに組み合わせ方も違ったそうです。ちなみに作品に用いたケーブル（縄）は安全、ダイヤモンドは富や人生の意味があります。

B アラン帽

ケーブル模様のニット帽を
好みの色で3種類。

Design ✻ 小林ゆか
Yarn ✻ DARUMA iroiro
How to make ✻ p.43

左ページのセーターの色
違い。前後を逆にすれば、
カーディガンになります。

🇬🇧 イギリス／United Kingdom

C ガーンジーセーター

表目と裏目で表情をつけた
シンプルなセーターです。

Design ※ 風工房
Yarn ※ ハマナカ　純毛中細
How to make ※ p.36

✏️ ガーンジー／Guernsey

フィッシャーマンセーターの元祖として有名なガーンジーセーター。イギリス海峡南部のチャネル諸島にあるガーンジー島をはじめ、その近海の漁師たちが着ていたセーターといわれています。色は濃紺、胸元に模様があるものが多いのが特徴です。おなかまわりがメリヤス編みになっているデザインは、比較的短時間で編め、作業で汚れたり、擦れて穴があいてもその部分だけ編み直しやすかったとも。

🏴󠁧󠁢󠁳󠁣󠁴󠁿 スコットランド　/ Scotland

D, E アーガイルセーター&靴下

胸元の菱形は糸を縦に渡す編み込み模様。
ラインはステッチしています。
かかとのある靴下はドールの足にしっかりフィット。

Design ✽ 笠間綾
Yarn ✽ パピー　キッドモヘアファイン
How to make ✽ p.32

> 🖉 アーガイル／ Argyle
>
> トラディショナルスタイルの定番とされる菱形のアーガイル模様。アーガイル・チェックとも呼ばれ、その由来はアーガイル地方の氏族、キャンベル家のタータンチェックともいわれています。おなじみのアイテムはセーター、カーディガン、靴下。スコットランドの男性用民族衣装（タータンチェックのスカート）と合わせる靴下にも欠かせない模様です。

F フェアアイルワンピース

ポイントはダイヤの連続模様。
メリハリの効いた
明るい配色で愛らしく。

Design ✻ 風工房
Yarn ✻ DARUMA iroiro
How to make ✻ p.26

G フェアアイルセーター

細い縞柄を並べたデザイン。
くっきりした青のジグザグがアクセント。

Design ✳ 風工房
Yarn ✳ DARUMA iroiro
How to make ✳ p.24

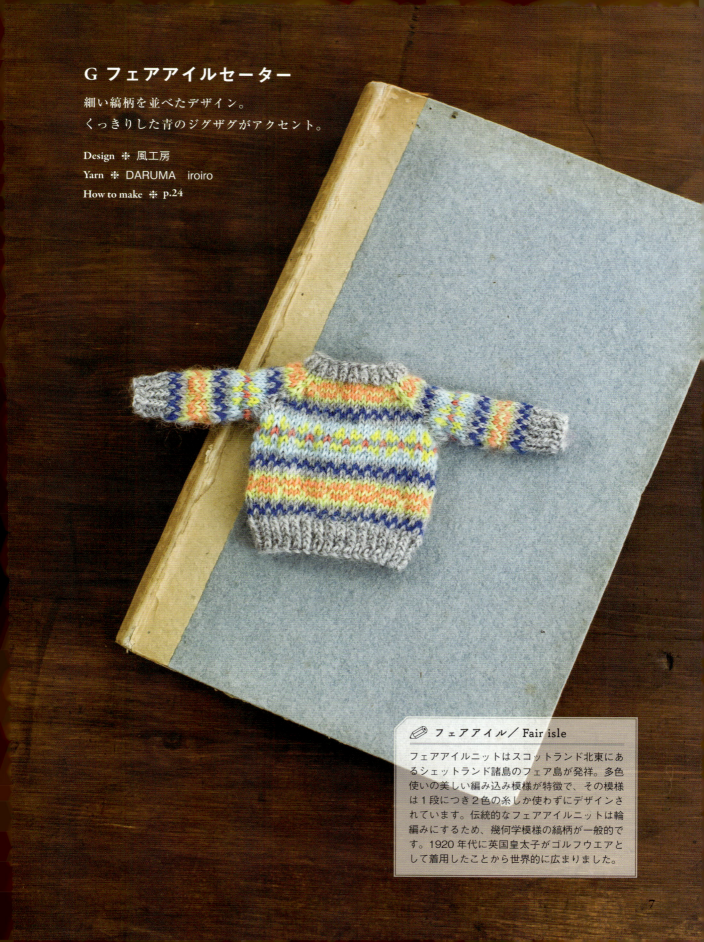

🖉 フェアアイル／Fair isle

フェアアイルニットはスコットランド北東にあるシェットランド諸島のフェア島が発祥。多色使いの美しい編み込み模様が特徴で、その模様は1段につき2色の糸しか使わずにデザインされています。伝統的なフェアアイルニットは輪編みにするため、幾何学模様の縞柄が一般的です。1920年代に英国皇太子がゴルフウエアとして着用したことから世界的に広まりました。

🇮🇸 アイスランド / Iceland

H ロピーセーター

丸ヨークがかわいいロピーセーター。
えりまわりから裾に向かって編んでいきます。

Design ✳ かんのなおみ
Yarn ✳ パピー　ニュー 3PLY
How to make ✳ p.38

🖉 ロピー / Ropi

アイスランドの伝統ニット、ロピーセーター。アイスランドでは、羊毛を引きのばしたままの撚りのかかっていない太糸をロピーといい、この糸を使って編んだセーターのことをロピーセーターと呼んでいました。丸ヨークに編み込んだ大きな幾何学模様が魅力です。編み地はやや厚手になりますが、丸ヨーク、胴体、袖をすべて輪で編むので、はぎ合わせ部分が少なく、着やすいセーターに仕上がります。

ラトビア／Latvia

I, J 編み込みセットアップ

ミトンの編み込み模様をウエアにアレンジ。
スカートには伝統的なラインも入れました。

Design ✳ 斉藤理子
Yarn ✳ DARUMA iroiro
How to make ✳ p.40

I
J

🖉 ラトビアの編み物／Latvian Knit

バルト三国の1国、ラトビアは、ヨーロッパ最古のミトンが発見された国です。手工芸が盛んな国でもあり、編み込み模様のミトンや靴下は、地方ごとに異なる民族衣装に合わせ、色やパターンが数多く生まれました。色彩豊かな模様は地域の文化や信仰を反映。2006年のNATOサミットでは、記念品として4,500組の編み込みミトンが配られています。

🇸🇪 スウェーデン / Sweden

K, L ビンゲセーター&スヌード

伝統柄のビヤルボー（アザミのような花柄）を
主役にしたセーター。
スヌードはドールに着せるとケープ風にも。

Design ✻ 河合真弓
Yarn ✻ DARUMA スーパーウォッシュメリノ
How to make ✻ p.44

🖉 ビンゲ／Binge

ビンゲはスウェーデン・ハッランド地方に残る伝統的な編み物。その昔、戦争や凶作で困窮する生活の副収入源として広まりました。赤、白、紺のトリコロールカラーを配色とし、スウェーデン語のビンド（binda＝結ぶ）に由来しているといわれています。アザミのような花柄のビヤルボー、鳥のキジ柄、男の子＆女の子柄などが代表的な模様です。

M デルスボのセーター

伝統カラーの赤・黒・緑に
白をプラスして軽やかに。
年代はステッチで。

Design ✲ 河合真弓
Yarn ✲ DARUMA　iroiro
How to make ✲ p.46

> 🖉 デルスボ／Delsbo
>
> スウェーデン中部のヘルシングランド地方の町、デルスボに残るセーター。赤・黒・緑が伝統カラーで、大きなハートのような模様と脇に入れたマチが特徴です。胸元に編んだ人のイニシャルと年代を入れるのが一般的。袖口にボンボンのような飾りがついたデザインやジャケットに仕立てたものもあり、着丈はやや短めになっています。

N バラ模様のショール

ゴットランド島の編み物の
代表的なバラ模様をアレンジ。
ドールにはケープ風、
マーガレット風にも着せられます。

Design ✣ すぎやまとも
Yarn ✣ DARUMA iroiro
How to make ✣ p.29

🖉 ゴットランド／Gotland

スウェーデン領ゴットランド島は、バルト海に浮かぶ島として、古くから交易が盛んな地。島に伝わる伝統模様も豊富で、当時から編み物を輸出品として扱ってきました。ゴットランドはバラの島とも呼ばれ、編み込み模様のバラも有名なパターンです。自然からのモチーフも多く、バルト諸国の編み物との共通点も見てとれます。

O ボーヒュースカーディガン

編み地はモヘヤでふんわりと。
ヨークの模様は表目と裏目で
ニュアンスをつけています。

Design ✳ かんのなおみ
Yarn ✳ パピー　キッドモヘアファイン
How to make ✳ p.30

ボーヒュース／Bohus

スウェーデン・ボーヒュース地方の編み物は、多色使いのグラデーションと、ところどころに入れる裏目で凹凸を作った編み込み模様が特徴。毛足の長いアンゴラ糸を使用した女性らしいデザインの丸ヨークセーターが魅力です。ボーヒュースの手法は、1930年代の世界大恐慌時、家計を助ける女性たちによる地域産業として生まれました。機械化の波に押され、わずか30年ほどで姿を消すことになりましたが、今も愛好者の多い編み物です。

⬛ ノルウェー ／Norway

P セテスダールコフタ

増減のない編み地なので、
細かな模様も編みやすいデザイン。
胸元には刺しゅうテープを。

Design ✽ 斉藤理子
Yarn ✽ パピー　ブリティッシュファイン
How to make ✽ p.48

> 🖊 セテスダール／Setesdal
>
> ノルウェー南部にあるセテスダール地方の伝統的なセーター。もともとは男性用民族衣装のセーターでした。両肩に入れるXの模様と白い点々が並ぶ胴体のルース（しらみ）模様が特徴です。前立てや袖口に飾りと補強を兼ねた刺しゅう入りの布を縫いつけるのも、このセーターならでは。ちなみにコフタはカーディガンを意味します。

Q セルブーコフタ

3つの星を配置した前身頃は35目。
編み目をきっちり詰めて編みます

Design ❋ 斉藤理子
Yarn ❋ パピー　ブリティッシュファイン
How to make ❋ p.50

> ✎ セルブー／Selbu
>
> ノルウェー北部、セルブー湖周辺に伝わる伝統ニット。セルブーコフタの模様といえば、エイトスター。8弁のバラのような星とダイヤモンドクロスの総柄が定番です。配色はナチュラルウールを生かした白×黒。セーターは男性の伝統衣装として用いられていましたが、エイトスターは特別なミトンの甲に配置することもありました。

カナダ / Canada

R カウチンジャケット

ヘチマカラーつきの
前あきジャケット。
前身頃の模様は雪の結晶。

Design ✻ 岡本真希子
Yarn ✻ パピー ブリティッシュファイン
How to make ✻ p.52

後ろ身頃の模様はサンダーバード。雷神の使いといわれている、伝説上の鳥です。

✎ カウチン／Cowichan

カウチンはカナダの先住民であるカウチン族が編み始めた伝統ニット。油分を含んだ極太糸を用いるため、撥水性、防寒性に優れています。模様は羊毛本来の色を生かして編まれ、狩猟民族らしく、自然や動物、神話の生き物などがモチーフになっています。本来はプルオーバーが基本ですが、ジッパーで前開きにしたジャケットタイプが増えています。

S カウチンベスト

波のような連続模様のベスト。
編み物の技術はヨーロッパから伝承されたので、
模様にはフェアアイルの影響も。

Design ✻ 岡本真希子
Yarn ✻ パピー　ブリティッシュファイン
How to make ✻ p.54

北欧 / Norden

T トナカイ柄のチュニック

前後の身頃は同じ形。
おなか部分にポケットを作りました。

Design ✳︎ 笠間綾
Yarn ✳︎ パピー　ブリティッシュファイン
How to make ✳︎ p.56

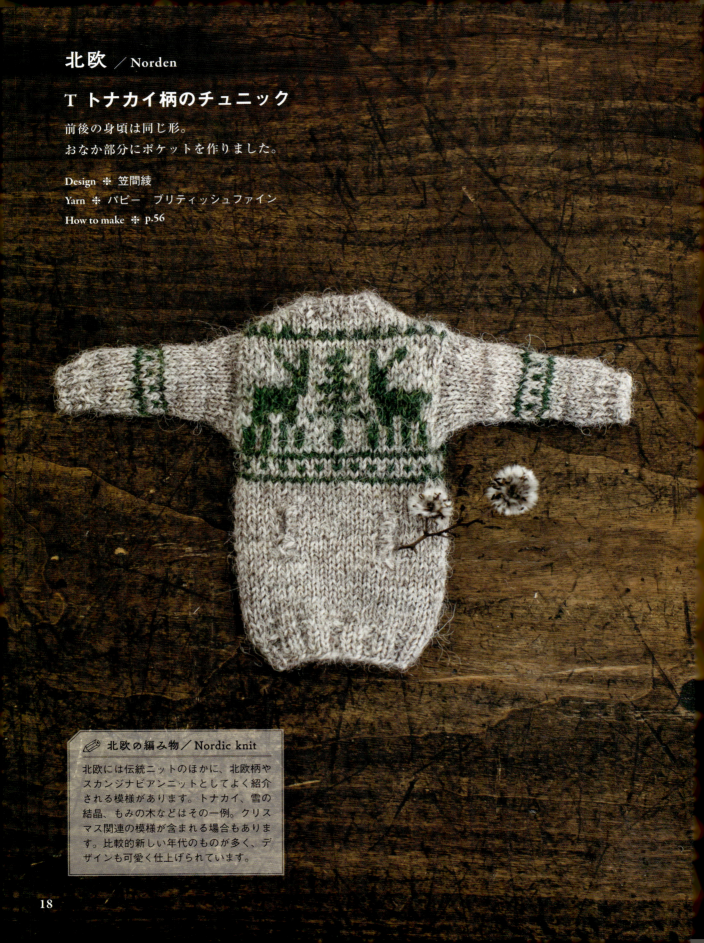

北欧の編み物／Nordic knit

北欧には伝統ニットのほかに、北欧柄やスカンジナビアンニットとしてよく紹介される模様があります。トナカイ、雪の結晶、もみの木などはその一例。クリスマス関連の模様が含まれる場合もあります。比較的新しい年代のものが多く、デザインも可愛く仕上げられています。

U 三角ミトン

真っ白なミトンに三つ編みのひもをプラス。
ドールにはめたとき、親指も入ります。

Design ✼ 小林ゆか
Yarn ✼ パピー　ニュー 2PLY
How to make ✼ p.43

> 🖉 **北欧のミトン／Nordic mittens**
> 指先が三角になったミトンは北欧の広い範囲で見かけるデザイン。編み込みや刺しゅうが施されたもの、タッセルやひもつきもあります。

V サーミのケープ

裾から首まわりに向かって
減らし目をしながら編みます。

Design ✼ 笠間綾
Yarn ✼ パピー　ブリティッシュファイン
How to make ✼ p.58

> 🖉 **サーミ／Sami**
> スカンジナビア半島北部の寒冷地ラップランドの先住民、サーミ族。民族衣裳は赤と青が基調で、編み物も同様です。さらに黄、緑を加えた4色がサーミ族のシンボルカラーとされます。

✠ スコットランド / Scotland

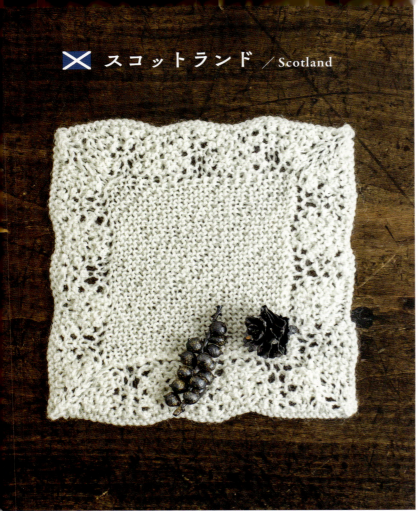

W シェットランドレースの ショール

中心の四角形を
ガーター編みしてから、
透かし模様の縁編みを編みます。

Design ❉ 風工房
Yarn ❉ パピー　ニュー 3PLY
How to make ❉ p.60

> ✎ シェットランドレース／Shetland lace
>
> スコットランド・シェットランド諸島の棒針編みのレース。繊細な透かし模様は複雑そうに見えますが、基本的には表目・裏目・かけ目・2目一度（または3目一度）の組み合わせでできています。

ペルー / Peru

X チュリュ

本体を編んでから
耳あてを編み出します。
ポップな配色を選ぶとかわいい。

Design ❉ すぎやまとも
Yarn ❉ DARUMA　iroiro
How to make ❉ p.59

> ✎ チュリュ／Chullo
>
> チュリュはペルー・アンデス地方の男性がかぶる耳あてつきの三角帽子。チューリョとも呼ばれ、カラフルな配色と房飾りが特徴です。

編み始める前に

そろえておきたい道具

棒針
ドールサイズの編み物に使うのは、短針の細い棒針。本書では0、1、2号棒針のほか、それよりも細いビーズ編み針（直径1.3mm）を使用。往復で編む場合は2本針、輪に編む場合は4本針を選ぶ。
写真左：ビーズ編み針 ショート 直径1.3mm、2本組、580円／チューリップ

かぎ針・レース針
肩のはぎやボタンループを作るときに使用。糸に合わせてサイズを選ぶ。
写真右：エティモ ロゼ クッショングリップ付きレース針 1,000～1,600円
写真左：エティモ ロゼ クッショングリップ付きかぎ針 1,000～1,100円
／ともにチューリップ

マーカー

通常は段数や目数の目印として使うが、交差編みや衿ぐりなどの休み目のほつれ止めとしてもおすすめ。
段かぞえマーカー単品（ハート）300円／チューリップ

とじ針

糸端を始末するときやパーツを巻きかがりで合わせるときなどに使用。
毛糸とじ針（2本または3本セット）500～600円／チューリップ

ドール用素材
ミニチュアニット用の小さなボタンは大型手芸店のドール素材コーナーをチェック。かわりにビーズなどを使ってもかわいい。

作品に使用した糸

ニュー 2PLY
ウール100%の極細糸。棒針の目安は0～2号。1玉25g、480円。／パピー

キッドモヘアファイン
モヘヤ79%、ナイロン21%の極細糸。棒針の目安は1～3号。1玉25g、880円。／パピー

iroiro
ウール100%の中細糸。棒針の目安は3～4号。1玉20g、300円。／DARUMA

ニュー 3 PLY
ウール100%の合細糸。棒針の目安は1～3号。1玉40g、620円。／パピー

ブリティッシュファイン
ウール100%の中細糸。棒針の目安は3～5号。1玉25g、620円。／パピー

スーパーウォッシュメリノ
ウール100%の中細糸。棒針の目安は2～3号。1玉50g、880円。／DARUMA

純毛中細
ウール100%の中細糸。棒針の目安は3号。1玉40g玉巻、490円。／ハマナカ

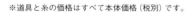

※道具と糸の価格はすべて本体価格（税別）です。

ドールと編み地について

本書の作品は、1/6ドール（身長20～30cm）と呼ばれるドールのなかでも、身長22cm前後のドールに合わせたサイズで制作しています。ただし、ドールのボディの大きさは身長だけが基準ではないため、作品を編む際は、必ず途中で着せながら編み地のサイズを調節してください。

●編むときの注意
編み込み模様は、裏に渡す糸のテンションで編み地が小さくなったり、大きくなったりしがちです。途中でドールに着せながら、編み地が小さい場合は編む糸の引き具合を緩めにしたり、針の号数を1号太くしたりして（編み地が大きい場合にはその逆）調節しましょう。

●着せるときの注意
編み込み模様を裏返してみると、編み地には編まない色の糸が横に渡っています。そのため、腕を通すときは指先に渡った糸が引っかからないよう、手全体にラップやマスキングテープを巻いてから通すと安心です。また首の開き口が小さい作品は、頭を外せるタイプのドール向きのデザインです。

作品を着用したドール

ruruko　るるこ
2013年に誕生したファッションドール。可動性と自然なボティラインが魅力。全高約22cm。
ペットワークス
http://www.petworks.co.jp

Betsy Loves Bunnies
ベッツィー・ラブズ・バニーズ
8インチベッツィーの人気モデルがエクスクルーシブモデルとして登場。全高約20cm。
アゾンインターナショナル
https://www.azone-int.co.jp

Point Lesson

● **模様の編み方**
（横に糸を渡す方法）

編み込み模様は、複数の色の糸を横（または縦）に渡しながら編んでいきます。総模様や連続模様の場合は、横に糸を渡す編み方が一般的。

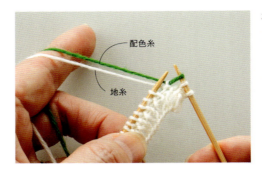

2色で編むときの糸のポジション。地糸と配色糸の位置を決め、左手の人さし指に2本の糸を写真のようにかけます。編むときは糸の位置（上下）を変えずに編んでいくとスムーズに編むことができます。

■ **糸のはさみ方**　＊次の配色まで地糸で10目編む場合で解説／糸のポジションは配色糸が上、地糸が下。

裏に糸が長く渡る場合

横に糸を渡して編んでいく場合、次の配色まで7目以上あるときは、途中で休ませている色の糸をはさんで編むと裏側の糸がたるまず、きれいに仕上がります。

地糸（ベースになる色の糸／白）を4目編んだら、配色糸（模様になる色の糸／緑）を下に下げ、矢印のように地糸を針にかける。

地糸で1目編んだ。

配色糸を上に戻す。

地糸で5目編む。

裏に返したところ。5目めに配色糸がはさまっている。次に配色糸を編むときれいに緑の糸が横に渡る。

■ **ボタンホールの作り方**　＊あとからレース針（かぎ針）でループを作る方法。

棒針で編んだ編み地の最後の目をレース針に移す。

そのまま、鎖編みを編む。ボタンの大きさに合わせて長さを加減する。

編み地の数段下に引き抜き編みをし、糸始末する。ループができた。

● 肩のはぎ方　＊レース針（またはかぎ針）を使った引き抜きはぎ。わかりやすいように糸の色を変えている。

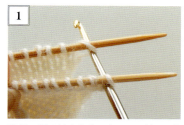

1 棒針の編み地を中表に合わせて持ち、前後の編み地の右端の目にレース針を手前から向こう側にそれぞれ入れる。

2 糸をかけてすべての目を引き抜く。

3 引き抜いたところ。

4 前後の編み地の次の目にそれぞれレース針を入れ、レース針に目を移す。糸をかけて引き抜く。

5 引き抜いたところ。

6 4 を必要な目数分、繰り返す。

● ピーニーテの編み方
作品_p.9、How to make_p.40　＊スカートの下に施した2色の飾り編みのライン。1段めを表目で輪に編んだ状態から解説。

1 編み糸を手前に置き、白の糸で裏目を1目編む。

2 糸を赤に替えて裏目を編む。

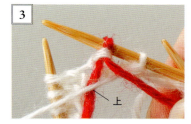

3 次の目は、白の糸を赤の糸の手前から引き上げて裏目を編む。

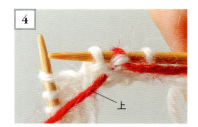

4 白の糸で裏目を編んだところ。次の目は、赤の糸を白の糸の手前から引き上げて裏目を編む。

5 赤の糸で裏目を編んだところ。

6 3 、 4 を1目ずつ交互に最後まで繰り返す。

How to make

G フェアアイルセーター Photo ✣ p.7

糸
DARUMA iroiro
グレー (49) 6g、
マリンブルー (14)・水 (20)・ピスタチオ (28)・
レモン (31)・フラミンゴ (39) 各1.5g、
デニムブルー (18)・チェリーピンク (38) 各少量

針
ビーズ編み針1.3mmを4本、レース針0号

その他
ボタン (直径8mm) 2個、手縫い糸、縫い針

できあがりサイズ
図参照

ゲージ
メリヤス編みの編み込み模様 49目、52段 (10cm平方)

編み方のポイント＊糸は1本どりで編む

1 ヨークは指でかける作り目で43目作り、模様編みでえり、編み込み模様でヨークを編む。ヨークの編み終わりは休めておく。
2 前後身頃はヨークから拾い目して編み込み模様で11段編む。背のあきで1目増やし、残りは輪に編む。縁編みの編み終わりは裏目、表目を編みながら伏せ止めする。
3 袖はヨークと前後身頃のマチ (☆・★印) から輪に拾い目して編み込み模様で編む。裾の編み終わりは裏目、表目を編みながら伏せ止めする。
4 背のあきに縁編みを編み、ボタンをつける。

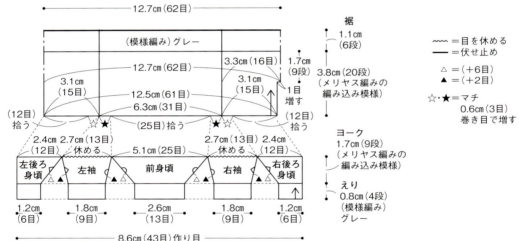

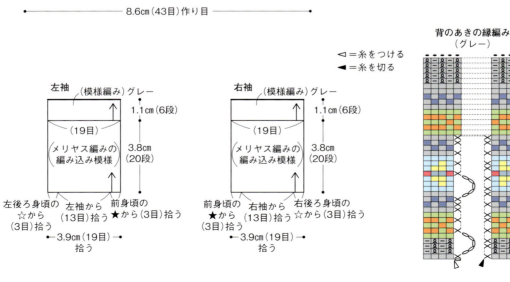

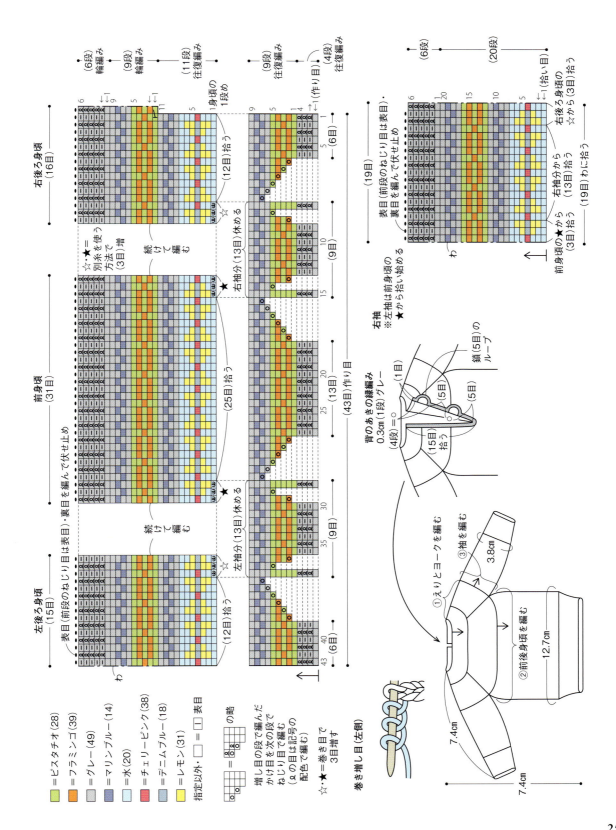

F フェアアイルワンピース Photo ✲ p.6

糸
DARUMA iroiro
ハニーベージュ（3）5g、ラディッシュ（43）3g、
ナツメグ（7）・苔（24）各1.5g、
オフホワイト（1）・ピーコック（16）各1g、
ブラウニー（11）・ミント（21）・ラムネ（22）・
カナリヤ（29）各少々

針
ビーズ編み針1.3mmを4本、レース針0号

その他
ボタン（直径8mm）3個、手縫い糸、縫い針

できあがりサイズ
図参照

ゲージ
メリヤス編みの編み込み模様 49目、52段（10cm平方）

編み方のポイント＊糸は1本どりで編む

1. えり、ヨークは指でかける作り目で43目作り、模様編みでえり、編み込み模様でヨークを編む。ヨークの編み終わりは休めておく。
2. 前後身頃はヨークから拾い目して編み込み模様で19段編む。背のあきで1目増やし、残りは輪に編む。裾の編み終わりは裏目、表目を編みながら伏せ止めする。
3. 袖はヨークと前後身頃のマチ（☆・★印）から輪に拾い目して編み込み模様で編む。縁編みの編み終わりは裏目、表目を編みながら伏せ止めする。
4. 背のあきに縁編みを編み、ボタンをつける。

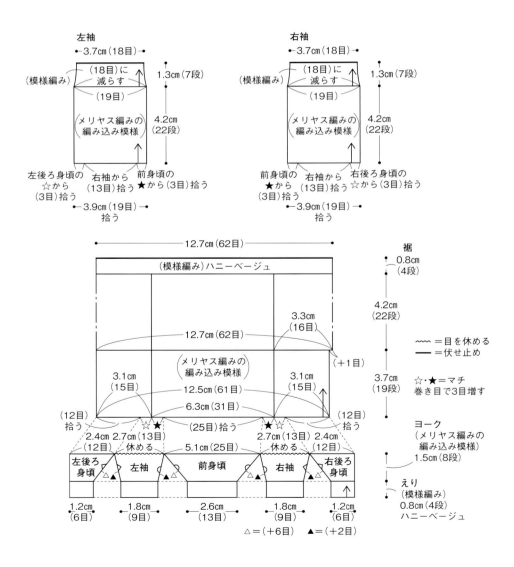

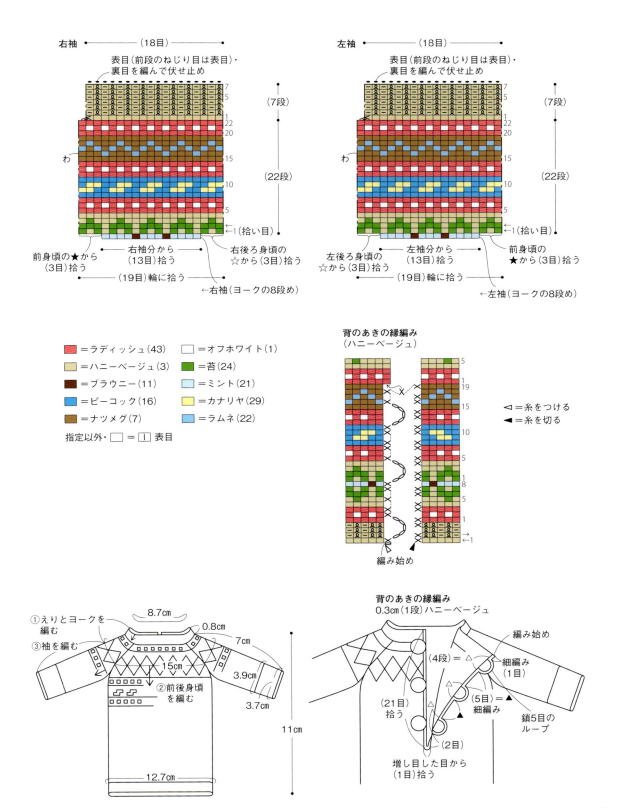

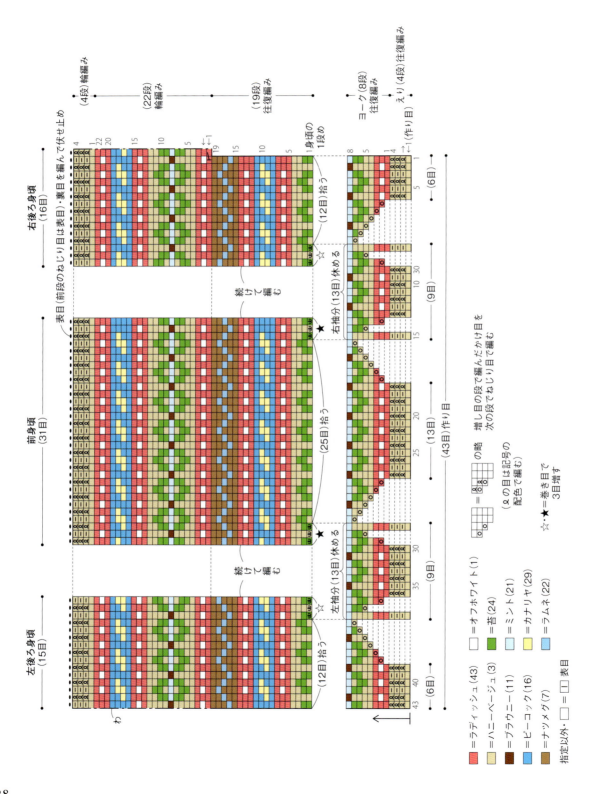

28

N バラ模様のショール　Photo ✻ p.12

糸
DARUMA iroiro
ダークグレー（48）5g、赤（37）2g、
クローバー（26）各1g

針
2本棒針2号

その他
ボタン（直径7mm）6個 、手縫い糸、縫い針

できあがりサイズ
図参照

ゲージ
編み込み模様 36目、38段（10cm平方）

編み方のポイント＊糸は1本どりで編む
指でかける作り目で25目作る。ガーター編みを2段編み、続けて本体を61段めまで両端2目はガーター編み、中央21目は編み込み模様で編む。ガーター編みを2段編み、編み終わりは伏せ止める。ボタンをつけて仕上げる。

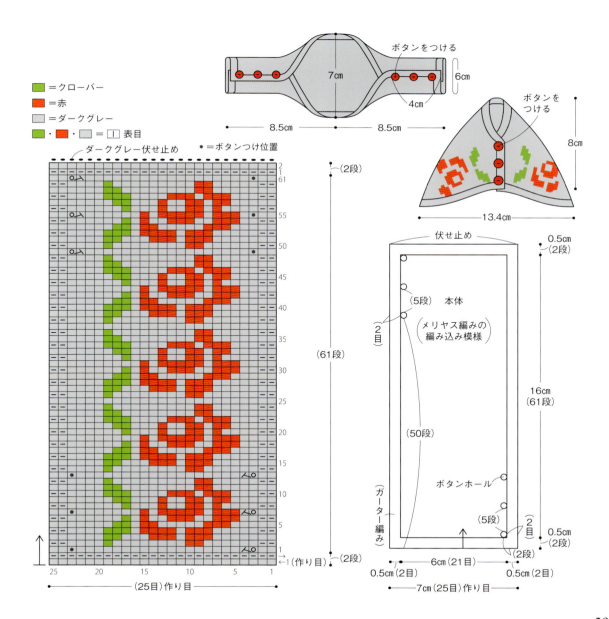

O ボーヒュースカーディガン Photo ✻ p.13

糸
パピー キッドモヘアファイン
グリーン (48) 3g、白 (02) 1g、
ピンク (44)・オレンジ (58) 各0.5g

針
5本棒針0号、ビーズ編み針1.3mmを4本

その他
ドール用ボタン (直径4mm) 5個 、手縫い糸、縫い針

できあがりサイズ
図参照

ゲージ
編み込み模様 24目、35段 (10cm平方)
メリヤス編み 24目、45段 (10cm平方)

編み方のポイント＊糸は1本どりで編む

1. えり・ヨークは指でかける作り目で37目作る。えりを4段編み、49目に増し目して編み込み模様Aでヨークを11段編み、編み終わりは休めておく。
2. 前後身頃は最初に後ろ身頃を2段編み、次に前後身頃を続けて10段、ゴム編みを4段編んで、編み終わりは伏せ止めする。袖はヨークと身頃の合印の目から輪に拾い目して編み、編み終わりは伏せ止めする。
3. 身頃から拾い目をして前立てを編む。
4. ボタンをつける。

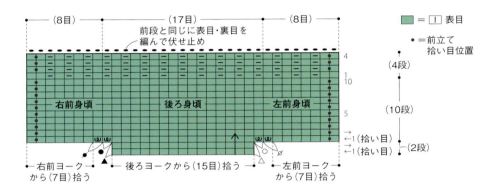

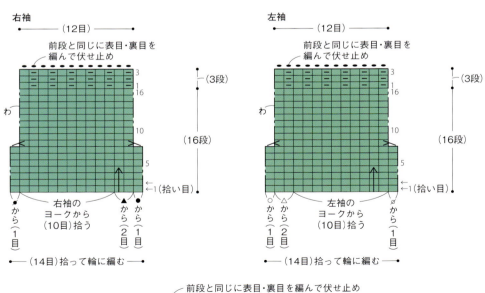

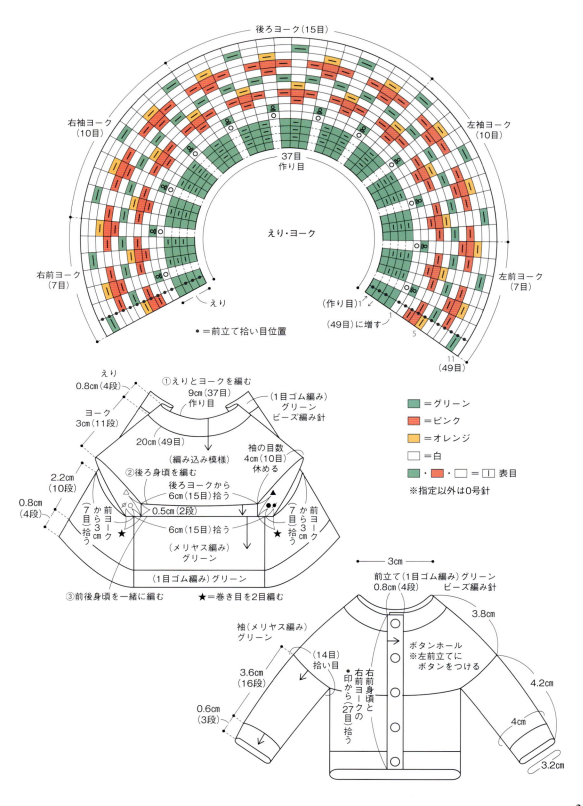

D, E アーガイルセーター&靴下　Photo ✤ p.5

糸
パピー キッドモヘアファイン
D セーター：ピンク (44) 4g、ペールピンク (4) 1g、オレンジ (58) 4m
E 靴下：ピンク (44) 1g、ペールピンク (4) 0.5g、オレンジ (58) 1m

針
ビーズ編み針1.3mmを4本、レース針4号

その他
とじ針(刺しゅう用)

できあがりサイズ
図参照

ゲージ
メリヤス編みの編み込み模様 50目、67段 (10cm平方)

編み方のポイント ＊糸は1本どりで編む

セーター
1 前後身頃は指でかける作り目で28目作る。1目ゴム編みを3段編み、1目増し目して縦に糸を渡す方法の編み込み模様、えりぐりと肩下がりは引き返し編みで編む。1目ゴム編みで段消しをしながら肩先まで編み、編み終わりを休めておく。えりぐりを引き抜き編みで止める。
2 袖は身頃の袖ぐりから25目拾い目をし、2段めからは編み進む引き返し編みで袖山を編み、両端で1目ずつ増し目して袖下、袖口の縁編みを編む。編み終わりを引き抜き編みで止める。
3 身頃の肩を中表に合わせて引き抜きはぎではぎ、身頃と袖に刺しゅうをする。袖下と脇の1目内側をすくいとじでとじる。

靴下
1 指でかける作り目をし、はき口丈を18段編み、かかとを引き返し編みで編む。甲側の休めていた8目を拾ってつま先まで編み、編み終わりは休めておく。
2 刺しゅうをし、脇を1目内側のすくいとじでとじ、つま先の8目はメリヤスはぎでとじる。

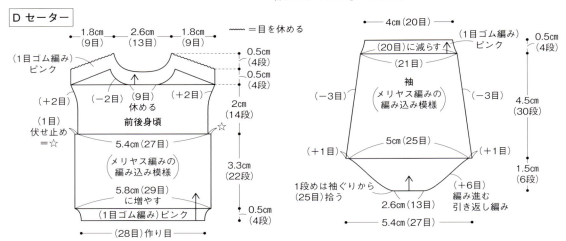

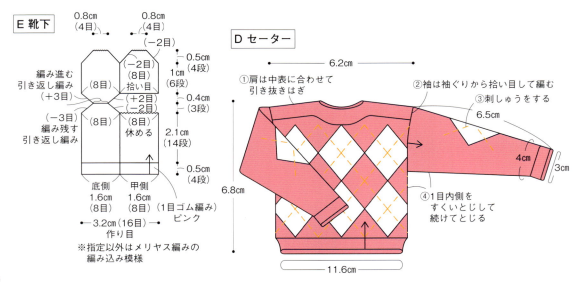

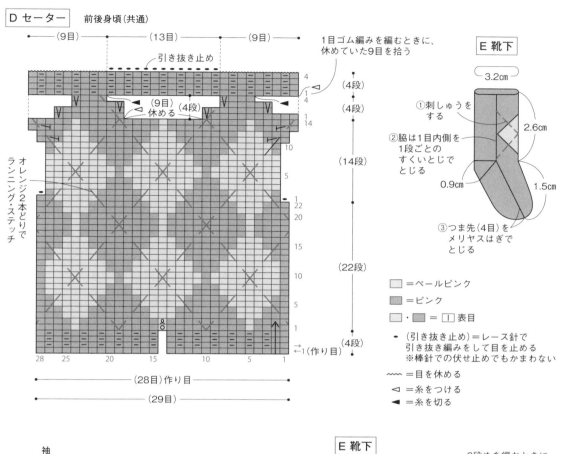
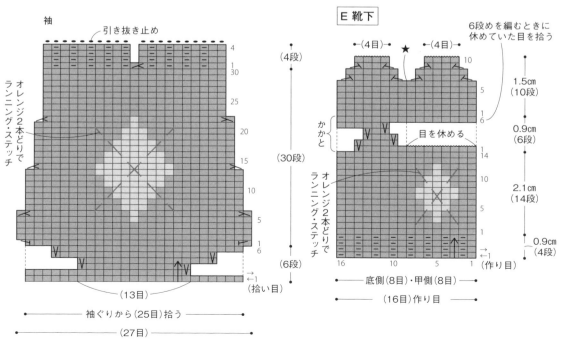

33

A アランセーター Photo ✱ p.2

糸
パピー ブリティッシュファイン
白:白(001) 10g、ピンク:ピンク(031) 10g
針
4本棒針2号、4本棒針2号(短)、かぎ針2/0号
その他
ボタン(直径5mm)5個、手縫い糸、縫い針
できあがりサイズ
図参照
ゲージ
模様編みA 46目、42段(10cm平方)
模様編みB 28目、46段(10cm平方)

編み方のポイント(a・b共通) ＊糸は1本どりで編む
1 前後身頃は指でかける作り目をして、1目ゴム編みを4段編み、続けて模様編みで編む。編み終わりはえりぐりと肩の目数にそれぞれ分け、別糸などを通して休めておく。
2 前後身頃の肩を中表に合わせて引き抜きはぎではぎ、前後えりぐりから拾い目してえりを編む。編み終わりは伏せ止めする。脇を内側1目のすくいとじでとじる。
3 袖は前後袖ぐりから拾い目して輪に編み、編み終わりは伏せ止めする。
4 ボタンをつけて仕上げる。

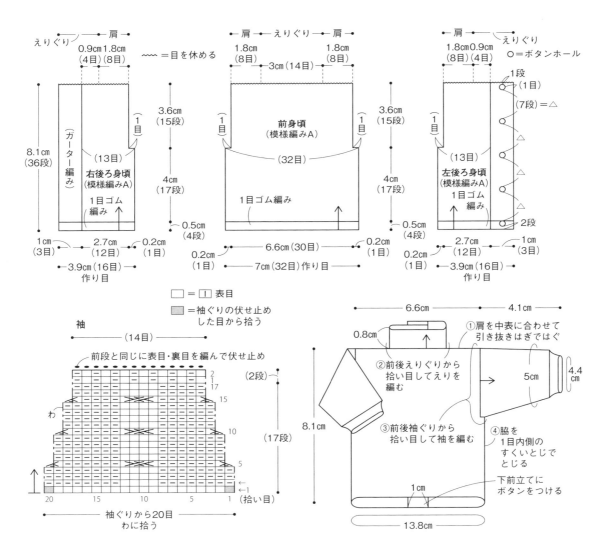

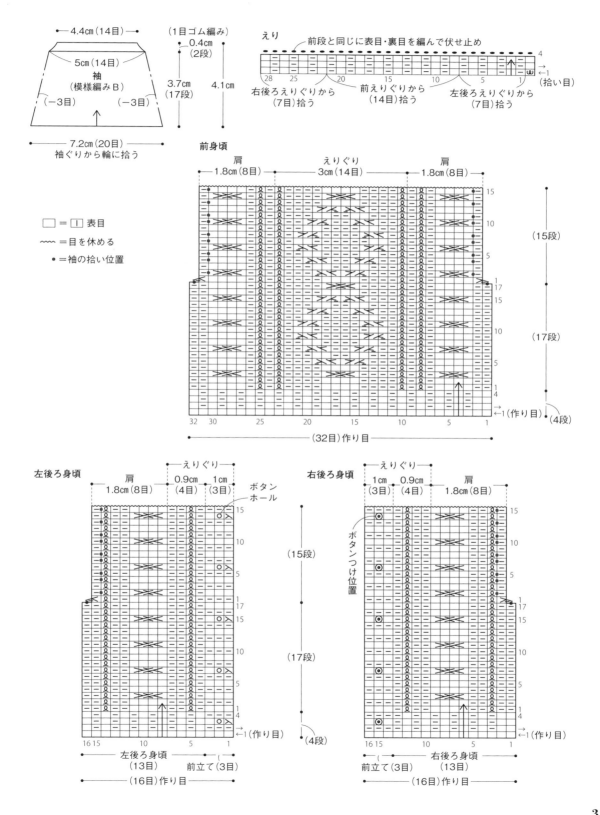

C ガーンジーセーター　Photo ✽ p.4

糸
ハマナカ 純毛中細　紺 (19) 8g

針
ビーズ編み針1.3mmを4本、レース針0号

その他
ボタン (直径8mm) 2個、手縫い糸、縫い針

できあがりサイズ
図参照

ゲージ
模様編み　38目、54段 (10cm平方)
メリヤス編み　38目、68段 (10cm平方)

編み方のポイント＊糸は1本どりで編む

1 ヨークは指でかける作り目で34目作り目をして、2目ゴム編みでえり、模様編みでヨークを編む。ヨークの編み終わりは休めておく。
2 前後身頃はヨークから拾い目して前後身頃を模様編みで7段編み、続けてメリヤス編みで輪に編む。裾は2目ゴム編みで編み、編み終わりは前段と同じに表目、裏目を編みながら伏せ止める。
3 袖はヨークと前後身頃のマチ (☆・★印) から輪に拾い目して模様編み、メリヤス編みで編む。袖口は2目ゴム編みで編み、編み終わりは前段と同じに表目、裏目を編みながら伏せ止する。
4 後ろあきに縁編みを編み、ボタンをつける。

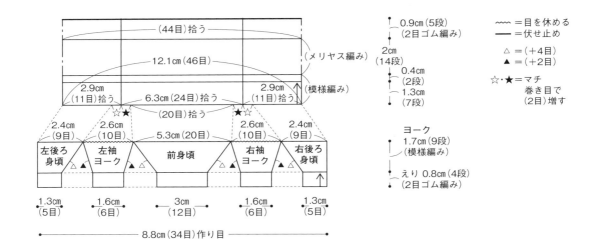

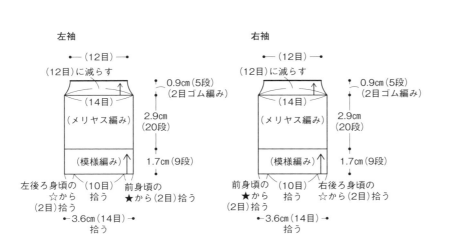

後ろあきの縁編み

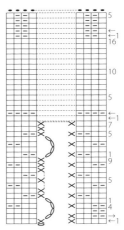

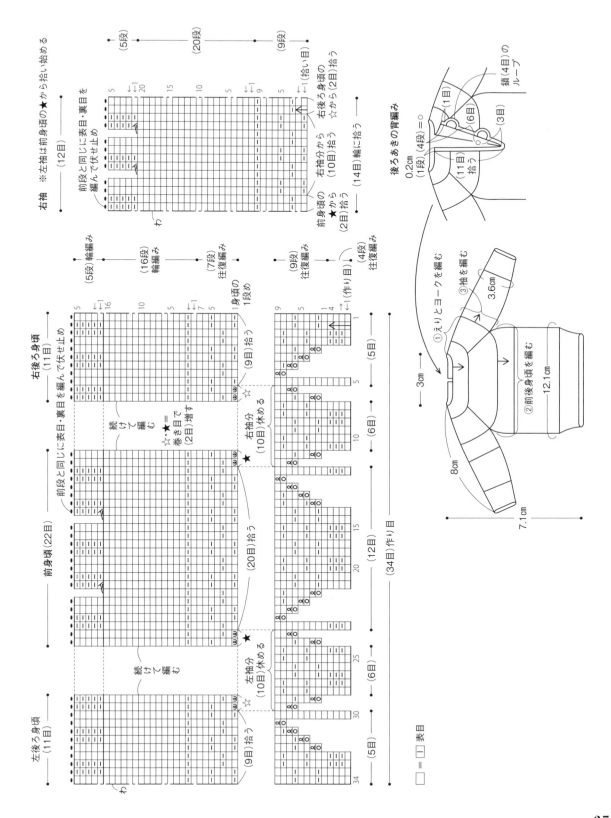

H ロピーセーター Photo ✣ p.8

糸
パピー ニュー3PLY
生成り(302)・水色(311) 各4g、ネイビー(326) 2g

針
ビーズ編み針 1.3mmを4本

その他
ドール用ボタン(直径4mm)2個、手縫い糸、縫い針

できあがりサイズ
図参照

ゲージ
編み込み模様A 46目、55段 (10cm平方)
編み込み模様B 46目、60段 (10cm平方)

編み方のポイント ＊糸は1本どりで編む

1 えり・ヨークは指でかける作り目で35目作る。えりを4段編み、29目拾い目して編み込み模様Aでヨークを15段編む。編み終わりは休めておく。
2 前後身頃はヨークから輪に拾い目して24段編み、編み終わりは伏せ止めする。袖はヨークと身頃の合印の目から拾い目して編み、編み終わりは伏せ止めする。
3 ヨークにループを編み、ボタンをつける。

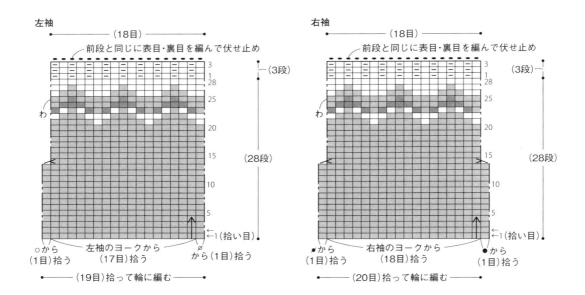

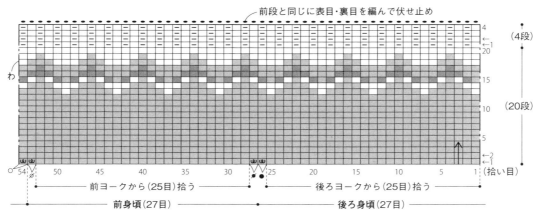

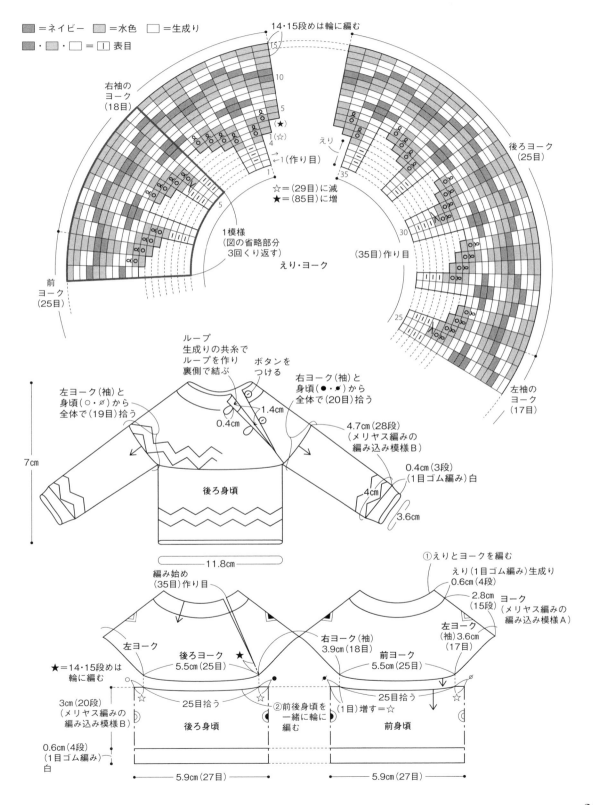

I, J 編み込みセットアップ　Photo ✻ p.9

糸
DARUMA iroiro
I カーディガン：オフホワイト (1) 6g、
クローバー (26)・ベリー (44) 各1g
J スカート：オフホワイト (1) 4g、
クローバー (26)・ベリー (44) 各少量

針
4本棒針0号、レース針0号

その他
ボタン
I カーディガン：(直径6mm) 4個
J スカート：(直径8mm) 1個、手縫い糸、縫い針

できあがりサイズ
図参照

ゲージ
編み込み模様 40目、56段 (10cm平方)
メリヤス編み 40目、51段 (10cm平方)

編み方のポイント＊糸は1本どりで編む

I カーディガン
1. 前後身頃は指でかける作り目で41目作り、編み込み模様で編む。袖ぐりからは前後身頃を分けて編む。えりぐり、肩の編み終わりは休めておく。
2. 身頃を中表に合わせ、肩を引き抜きはぎではぎ、前後えりぐりから拾い目してえりを編む。
3. 前立てを編む。
4. 袖は身頃の袖ぐりから輪に拾い目してメリヤス編みで編み、編み終わりは前段と同様に表目、裏目を編みながら伏せ止めする。
5. ボタンをつける。

J スカート
指でかける作り目で48目作り、輪に編む。裾にピーニーテを編み、続けて本体を編み込み模様で編み進み、23段めで35目に減目する。続けて1目ゴム編みを往復編みで4段編み、編み終わりは前段と同様に表目、裏目を編みながら伏せ止めする。伏せ止めから続けて鎖編みでボタンループを作り、ボタンをつける。

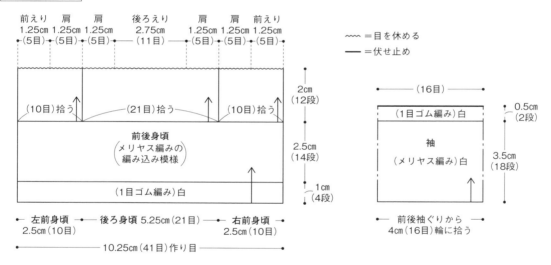

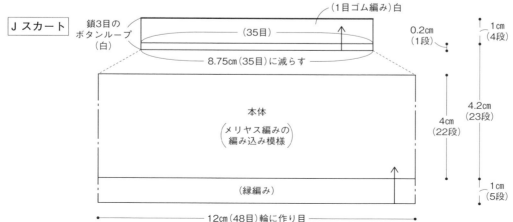

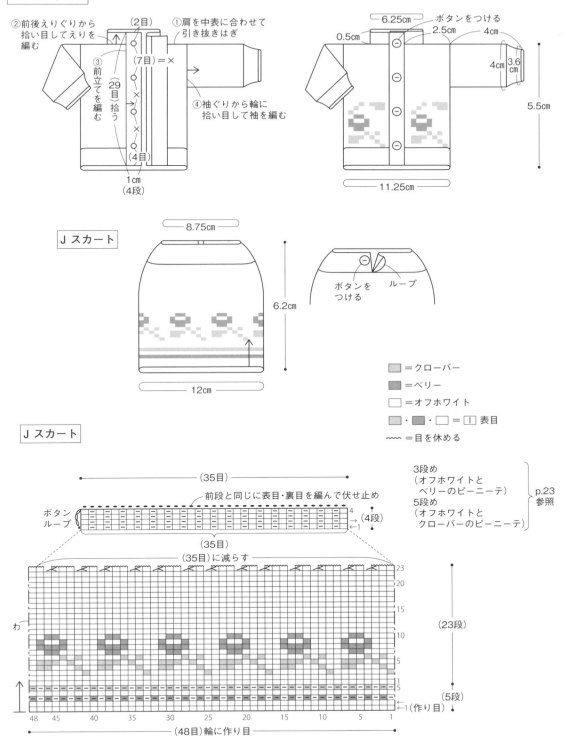

I カーディガン

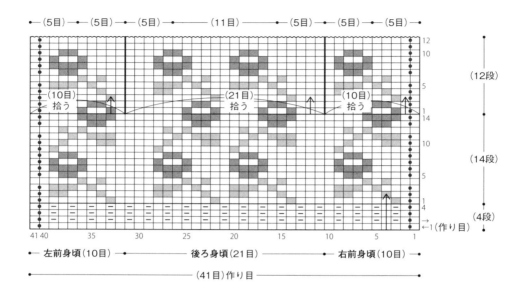

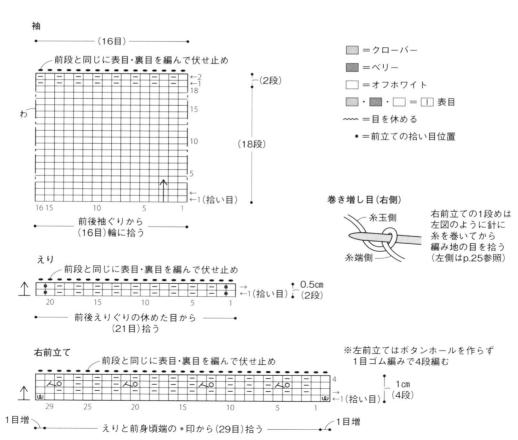

B アラン帽 Photo ✱ p.3

糸
DARUMA iroiro
黄の帽子：柚こしょう(30) 3g 白の帽子：オフホワイト(1) 3g
紺の帽子：夜空(17) 3g
針
4本棒針2号
できあがりサイズ
図参照
ゲージ
模様編み44目、48段(10cm平方)

編み方のポイント(3作品共通) ＊糸は1本どりで編む
一般的な作り目で40目作り目して輪にし、1目ゴム編みを3段、模様編みを20段編む。編み終わりは1目おきに糸を2周通して絞る。

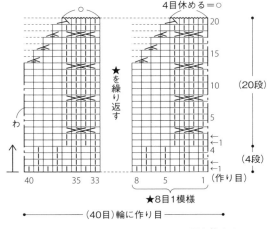

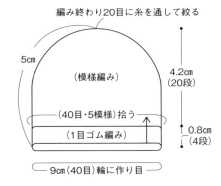

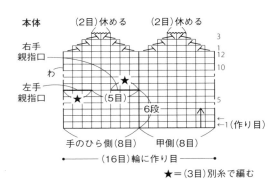

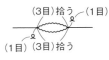

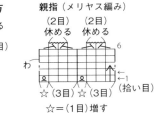

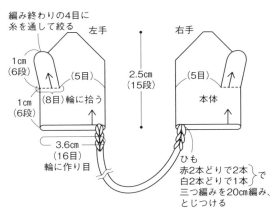

U 三角ミトン Photo ✱ p.19

糸
パピー ニュー2PLY
白(202)・赤(221) 各少量
針
4本棒針0号
できあがりサイズ
図参照
ゲージ
メリヤス編み 44目、60段(10cm平方)

編み方のポイント ＊糸は1本どりで編む

1 本体は指でかける作り目で16目作り、輪編みで親指口まで編み、親指口の3目を別糸で編む。次の段の親指口は別糸から拾い目し、全体で16目を12段まで編み、指先は減目しながら3段編む。編み終わりは4目に糸を通して絞る。

2 親指は別糸を抜いて上下の目から6目拾い目し、両脇で1目増目して全体で8目にして指先まで編む。編み終わりは糸を通して絞る。

3 三つ編みのひもを作り、手首にとじつける。

K, L ビンゲセーター＆スヌード　Photo ✱ p.10

糸
DARUMA スーパーウォッシュメリノ
K セーター：きなり（1）6g、インディゴブルー（5）5g、レッド（6）3g
L スヌード：インディゴブルー（5）2g、生成り（1）・レッド（6）各1g

針
4本棒針0号、かぎ針3/0号

その他
K セーター：スナップボタン（直径6mm）4個、縫い糸、縫い針

できあがりサイズ
図参照

ゲージ
K セーター　編み込み模様 38目、37段（10cm平方）
L スヌード　編み込み模様 31目、40段（10cm平方）

編み方のポイント＊糸は1本どりで編む

K セーター
1. 前後身頃は指でかける作り目で51目作り、1目ゴム編みの後、編み込み模様で編む。後ろえりぐりの目は伏せ止めし、肩の目は休めておく。
2. 袖は16目作り目をして、1目ゴム編みの後、編み込み模様で編む。編み終わりは伏せ止めする。
3. 身頃を中表に合わせ、肩を引き抜きはぎにする。前後えりぐりから拾い目してえりを編む。左後ろ身頃に持ち出しを編む。
4. 袖下は1目内側をすくいとじでとじる。袖と身頃を目と段のはぎで合わせる。
5. 後ろあきにスナップボタンをつける。

L スヌード
指でかける作り目で44目作り、編み込み模様で輪に編む。編み終わり（13段め）は2目一度で減目しながら伏せ止めする。

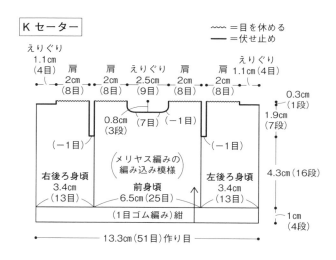

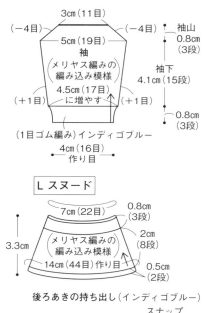

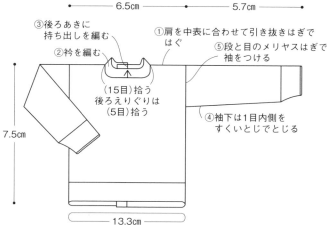

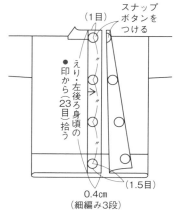

L スヌード

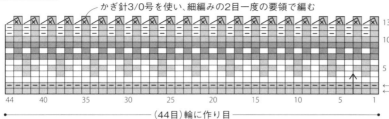

※13段めはかぎ針で
編み目をそのまま2目とり、
針先に糸をかけて引き抜く。
次の2目も同様に2目一度で編み、
再度、針に糸をかけ、針に
かかった2ループを引き抜く。
これを繰り返す。

K セーター

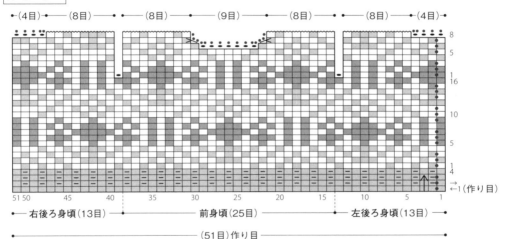

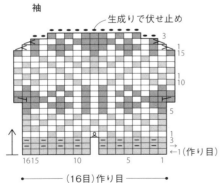

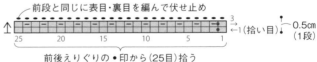

■ =インディゴブルー　　■・■・□ = □ 表目
■ =レッド
□ =きなり
• =後ろあきの持ち出しの拾い目位置

後ろあきの持ち出し（インディゴブルー）　かぎ針3/0号

◁ =糸をつける
◀ =糸を切る

えり・左後ろ身頃の•印から(23目)拾う

M デルスボのセーター Photo ✷ p.11

糸
DARUMA iroiro
赤 (37) 5g、黒 (47) 3g、
オフホワイト (1)・クローバー (26) 各1g

針
4本棒針0号、かぎ針3/0号

その他
セーター：スナップボタン（直径6mm）4個、
手縫い糸、縫い針

できあがりサイズ
図参照

ゲージ
メリヤス編みの編み込み模様 35目、40段（10cm平方）

編み方のポイント＊糸は1本どりで編む

1 前後身頃は指でかける作り目で33目作り、編み込み模様で編む。後ろえりぐりの目は伏せ止めし、肩の目は休めておく。

2 袖は13目作り目をして編み込み模様で編む。編み終わりは休めておく。

3 身頃を中表に合わせて肩を引き抜きはぎし、前後えりぐりから拾い目して縁編みを編む。後ろあきに持ち出しをかぎ針で編む。

4 袖下は1目内側をすくいとじでとじる。袖と身頃を目と段のはぎで合わせる。

5 刺しゅうをし、スナップボタンをつける。

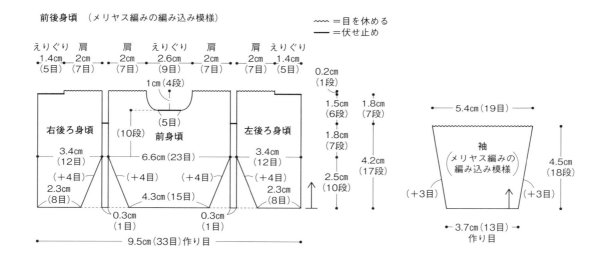

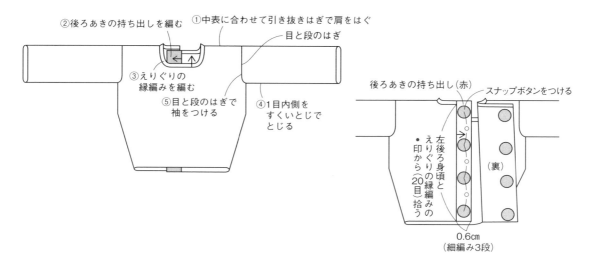

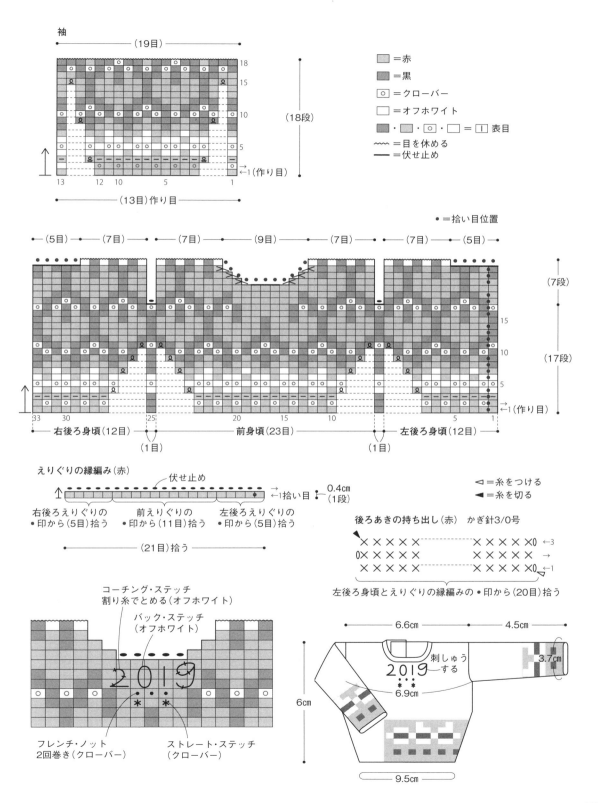

P セテスダールコフタ　Photo ✱ p.14

糸
パピー ブリティッシュファイン
黒 (008) 7g、白 (001) 3g

針
ビーズ編み針1.3mmを4本、レース針4号

その他
ボタン（直径6mm）2個、
チロリアンテープ（幅1.2cm）4cm、
手縫い糸、縫い針

できあがりサイズ
図参照

ゲージ
編み込み模様54目、62段（10cm平方）

編み方のポイント＊糸は1本どりで編む

1. 前後身頃は指でかける作り目で71目作り、編み方向に注意して（糸を切らず編める）編み込み模様で編む。袖ぐりからは前後身頃を分けて編む。えりぐり、肩の編み終わりは目を休めておく。
2. 前後身頃を中表に合わせ、肩を引き抜きはぎではぎ、前後えりぐりから拾い目してえりを編む。
3. 身頃の前後袖ぐりから輪に拾い目して袖を編み、編み終わりは伏せ止めする。
4. 左後ろ身頃に鎖編みでループを作り、ボタンをつける。胸元にチロリアンテープを縫いつける。

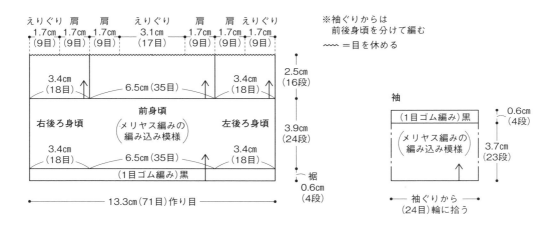

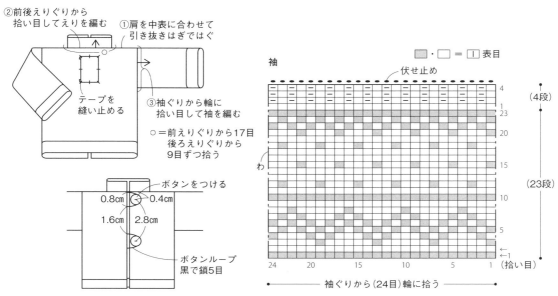

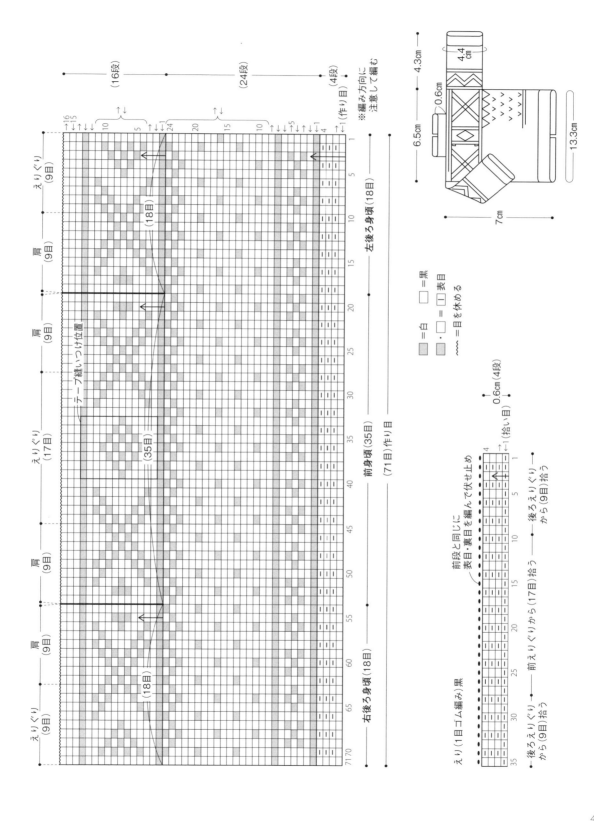

Q セルブーコフタ Photo ✻ p.15

糸
パピー ブリティッシュファイン
白 (001) 5g、黒 (008) 4g

針
ビーズ編み針 1.3mmを4本、レース針4号

その他
ボタン（直径6mm）2個、手縫い糸、縫い針

できあがりサイズ
図参照

ゲージ
編み込み模様58目、56段（10cm平方）

編み方のポイント ✻ 糸は1本どりで編む

1 前後身頃は指でかける作り目で69目作り、編み込み模様で編む。袖ぐりからは前後身頃を分けて編む。えりぐり、肩の編み終わりの目は休めておく。

2 前後身頃を中表に合わせ、肩を引き抜きはぎではぎ、前後えりぐりから拾い目してえりを編む。

3 前後袖ぐりから輪に拾い目して袖を編み、編み終わりは伏せ止めする。

4 左後ろ身頃に鎖編みでループを作り、ボタンをつける。

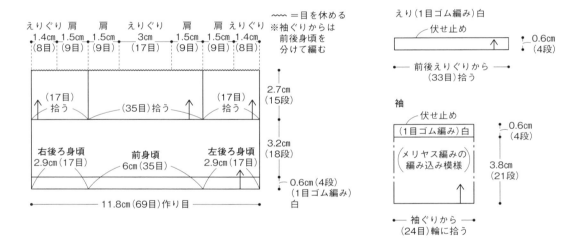

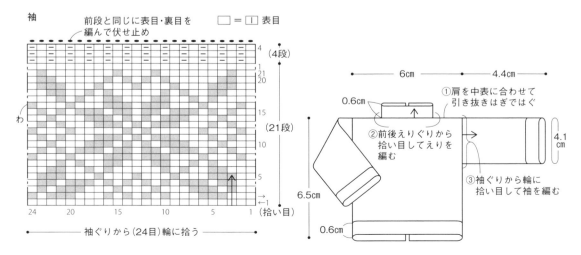

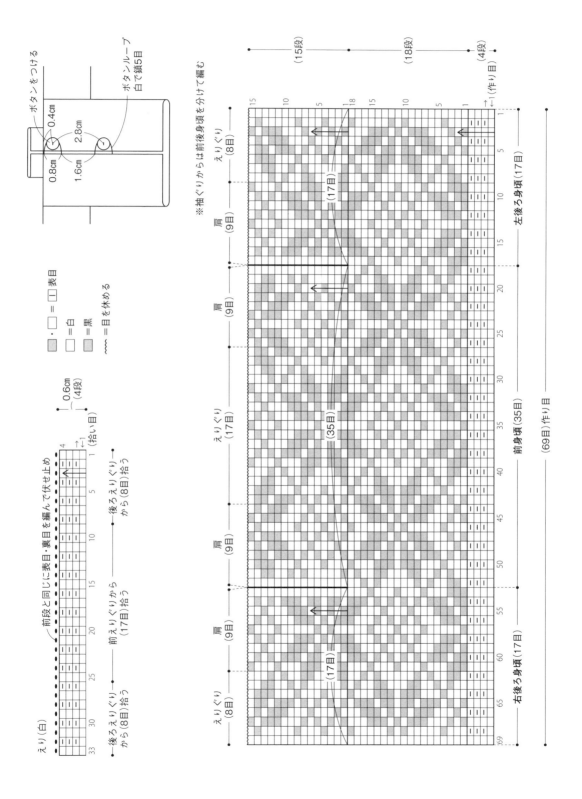

R カウチンジャケット Photo ✼ p.16

糸
パピー ブリティッシュファイン
茶色 (022) 5g、白 (001) 4g、
ベージュ (040)・濃ピンク (068) 各1g

針
4本棒針1.25mm、レース針0号

その他
ボタン (直径9mm) 2個、手縫い糸、縫い針

できあがりサイズ
図参照

ゲージ
編み込み模様38目、44段 (10cm平方)
ガーター編み38目、60段 (10cm平方)

編み方のポイント ＊糸は1本どりで編む

1 前後身頃は指でかける作り目で48目作る。2目ゴム編みで裾を編み、続けて身頃を編み込み模様で編む。肩を外表に合わせて引き抜きはぎではぐ。

2 後ろ身頃から拾い目して後ろえりをガーター編みで編み、編み終わりは伏せ止めする。前えりは後ろえりの裏を見て8目拾い目し、ガーター編みで22段編む。前端から拾い目して前立てを編む。

3 袖の作り目をし、袖口から続けて編み込み模様で22段編み、編み終わりの目を休める。

4 前えりを前身頃と前立てにとじつける。袖ぐりに袖山を合わせて目と段のはぎで袖をつける。袖下を1目内側のすくいとじでとじる。ボタンをつける。

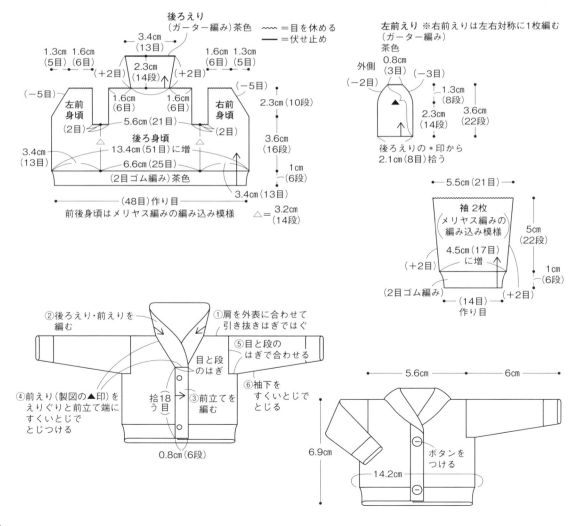

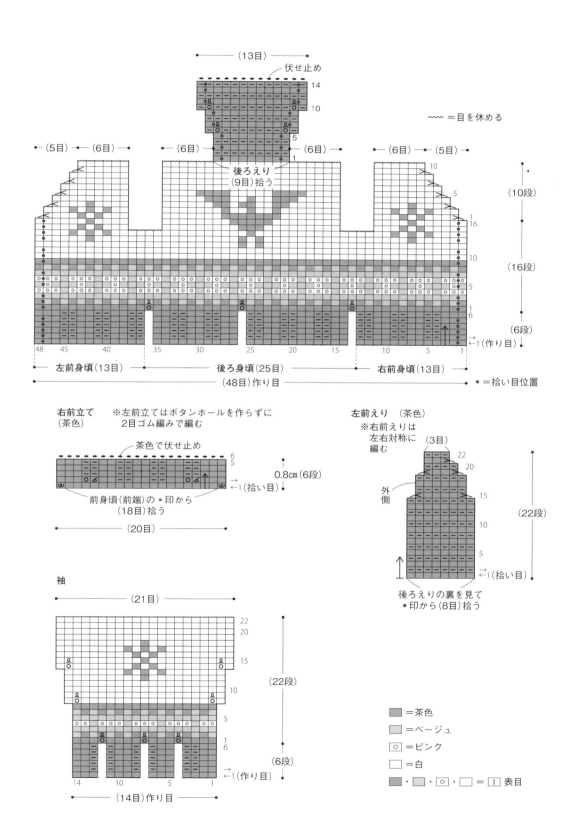

S カウチンベスト Photo ＊ p.17

糸
パピー ブリティッシュファイン
チャコールグレー (012) 4g、淡グレー (010) 2g、
青 (062)・水色 (064) 各1g

針
4本棒針1.25mm、レース針0号

その他
ボタン(直径8mm) 3個、手縫い糸、縫い針

できあがりサイズ
図参照

ゲージ
メリヤス編みの編み込み模様 38目、44段 (10cm平方)
ガーター編み 38目、60段 (10cm平方)

編み方のポイント＊糸は1本どりで編む

1 前後身頃は指でかける作り目で49目作り、ガーター編みで裾を編み、編み込み模様で肩先まで編む。肩を外表に合わせて引き抜きはぎではぐ。

2 後ろ身頃から9目拾い目して後ろえりをガーター編みで編み、編み終わりは伏せ止めする。前えりは後ろえりの裏を見て8目拾い目してガーター編みで20段編む。前端から拾い目して前立てを編む。

3 前えりを前身頃と前立てにとじつける。袖ぐりから輪に拾い目して縁編みを編む。ボタンをつける。

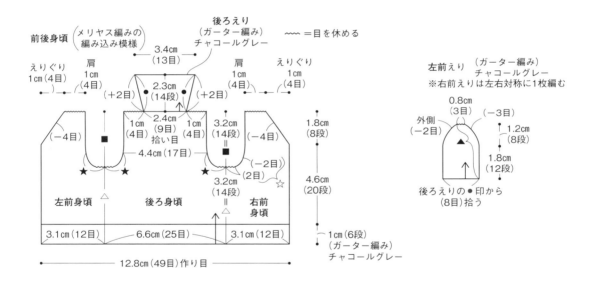

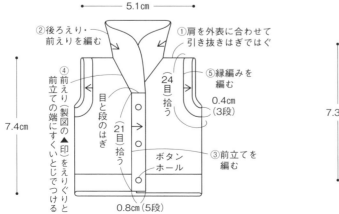

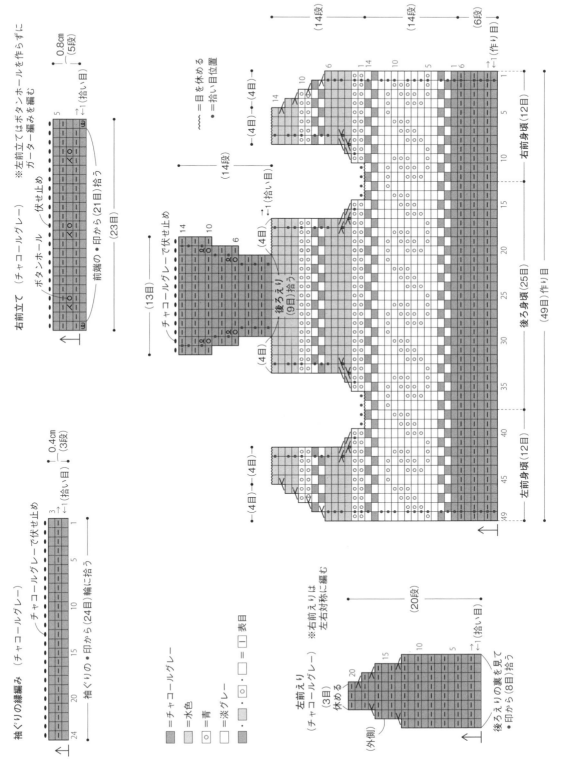

T トナカイ柄のチュニック Photo ✳ p.18

糸
パピー ブリティッシュファイン
ベージュ (040) 10g、グリーン (055) 3g

針
ビーズ編み針1.3mmを4本、レース針4号

できあがりサイズ
図参照

ゲージ
メリヤス編み、メリヤス編みの編み込み模様
40目、55段 (10cm平方)

編み方のポイント＊糸は1本どりで編む

1 前後身頃は指でかける作り目で44目作り、2目ゴム編みを編む。続けてメリヤス編みをポケット口まで輪に12段編み、a.bのパーツに分けて往復編みで8段編む。続けて編み込み模様を編みながら袖ぐりまで輪で10段、袖ぐりからは前後身頃を分けて往復編みで編む。えりぐりと肩下がりは引き返し編みで編み、編み終わりは目を休めておく。

2 ポケット口に1目ゴム編みを編む。両端は身頃にすくいとじでとじる。

3 肩を中表に合わせて段消しをしながら引き抜きはぎではぐ。えりは前後えりぐりから輪に拾い目して1目ゴム編みを編む。袖は前後袖ぐりから輪に拾い目して1目ゴム編みを編む。

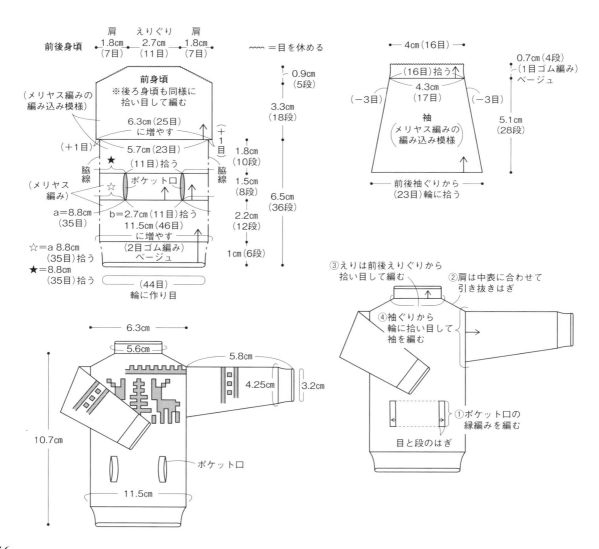

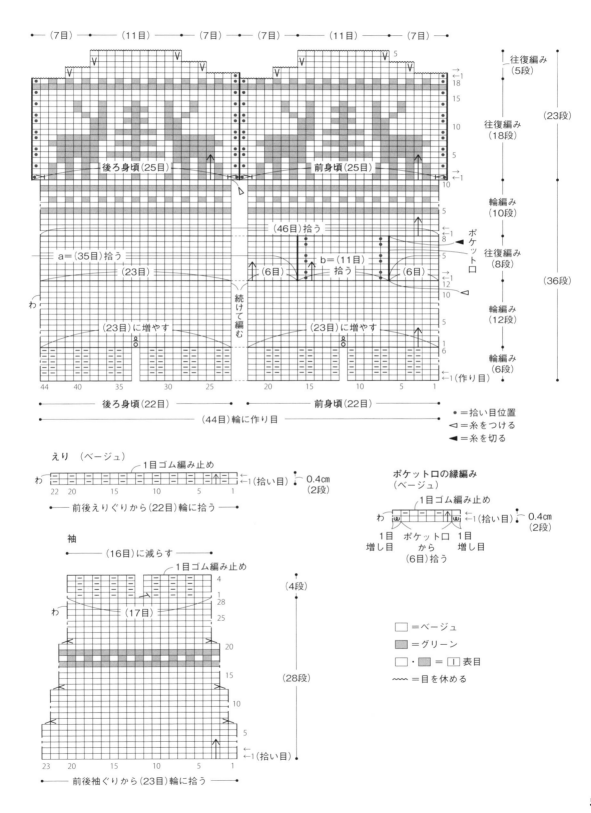

V サーミのケープ Photo ✼ p.19

糸
パピー ブリティッシュファイン
紺 (003)・白 (001)・赤 (013) 各1.5g

針
4本棒針1.3mm、レース針4号

その他
ボタン（直径4mm）1個、手縫い糸、縫い針

できあがりサイズ
図参照

ゲージ
編み込み模様 40目、55段（10cm平方）

編み方のポイント ＊糸は1本どりで編む

本体は指でかける作り目で49目作り、1目ゴム編みを2段編んだら、編み込み模様を編む。えりぐりに1目ゴム編みを2段編み、1目ゴム編み止めをする。前端から拾い目をして細編みで1段、縁編みする。ループを作り、ボタンをつける。

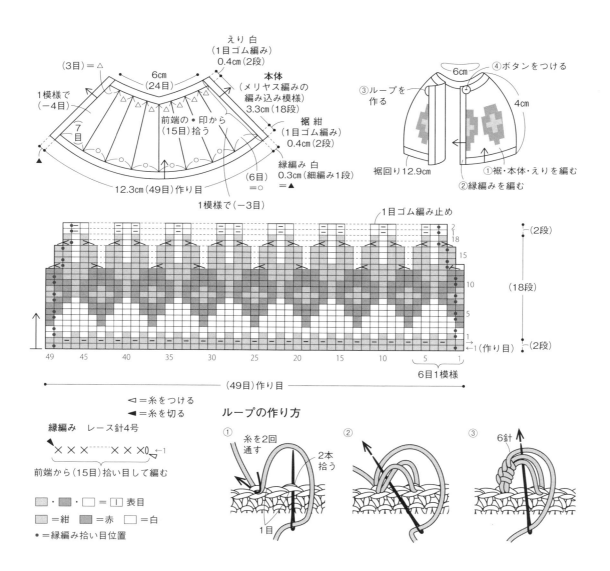

X チュリュ Photo ✻ p.20

糸
DARUMA iroiro
マッシュルーム（2）1.5g、ピーコック（16）・
レモン（31）・赤（37）各1g
針
4本棒針1号、2号
その他
とじ針（刺しゅう用）
できあがりサイズ
図参照
ゲージ
編み込み模様 36目、36段（10cm平方）

編み方のポイント＊糸は1本どりで編む
1 本体は指でかける作り目で42目作って輪にし、1目ゴム編みを3段編む。4段めからは編み込み模様で編む。編み終わりは1目おきに糸を2周通して絞る。耳あては指定位置から8目拾い目してメリヤス編みで編み、編み終わりは伏せ止めする。
2 かぶり口と耳あての周囲をブランケット・ステッチで縁取りする。耳あての先端に三つ編みの飾りをつけ、ポンポンを作ってトップにつける。

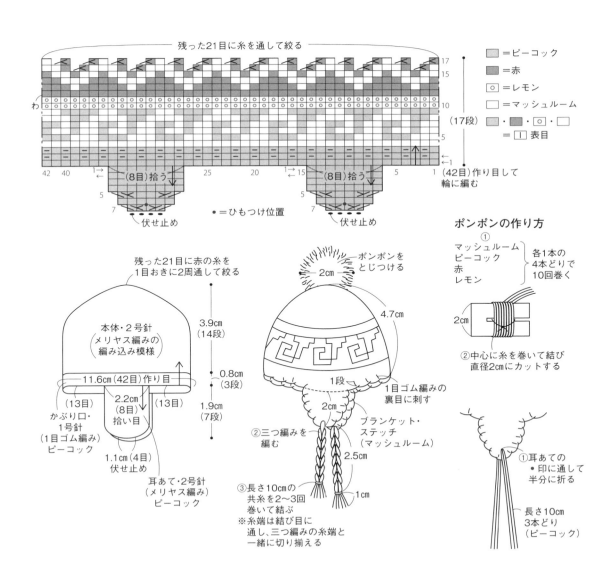

W シェットランドレースのショール Photo ✼ p.20

糸
パピー ニュー3PLY
生成り(302) 8g

針
4本棒針0号

できあがりサイズ
図参照

ゲージ
ガーター編み 32.5目、62段(10cm平方)
模様編み31目、46段(10cm平方)

編み方のポイント*糸は1本どりで編む

1 中央の本体は指でかける作り目で3目作る。39段までは編み始めでかけ目1目を編んで増し目をしながら、ガーター編みで編む。40段から77段までは編み始めでかけ目1目、左上3目一度を編んで減らしながら、ガーター編みで編む。

2 縁の模様編みは1段めを土台の77目めから続けて、かけ目から拾い目しながらぐるっとa辺～d辺を2目手前まで編み進む。編み残した2目から2段めに入る(記号図参照)。記号図に沿って14段編み、編み終わりは裏側から伏せ止めする。

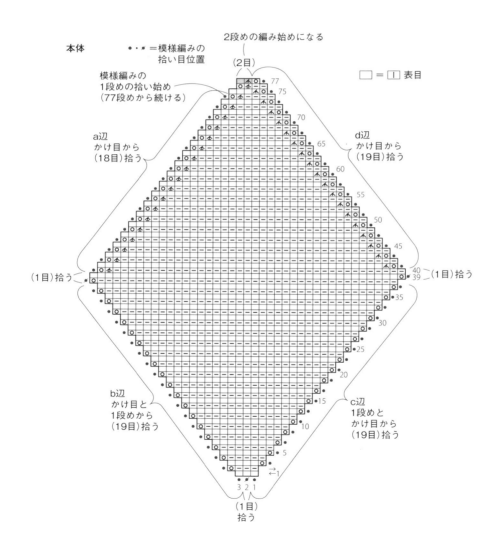

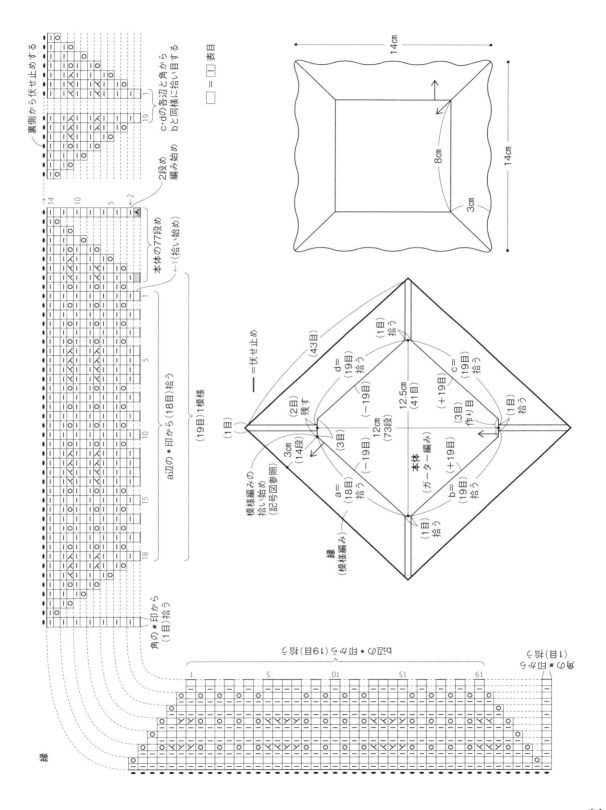

編み目記号＆編み方

棒針編み

指でかける作り目

人さし指にかける／親指にかける／編み幅の約3倍の長さ

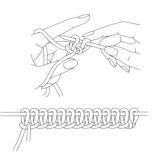

表目 ｜　　**裏目** —　　**かけ目** ○　　**ねじり目**　　**ねじり増目**

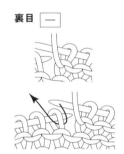

糸をかける

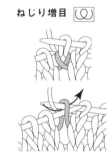

右上2目一度　　**左上2目一度**　　**すべり目** V

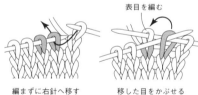
表目を編む
※ は3目を一度に編む

編まずに右針へ移す　　移した目をかぶせる　　2目を一度に編む　　右針の目を左針へ編まずに移す

伏せ目　　　　　　　　　　**右上2目と1目（裏目）の交差**

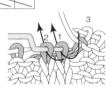

2目表目を編み、1目めをかぶせる　　次からは1目編んで右針の目をかぶせる　　別針に2目とって手前に置き、裏目を編む　　別針の目を表目で編む

左上2目と1目（裏目）の交差　　　　**左上2目交差**

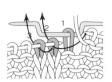

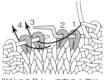
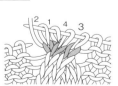

別針に1目とって向こう側に置き、表目を2目編む　　別針の目を裏目で編む　　別針に2目とって向こう側に置き、表目を2目編む　　別針の目を編む

メリヤスはぎ

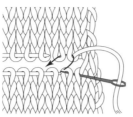
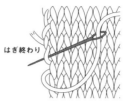

目と段のはぎ

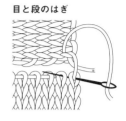

引き抜きはぎ

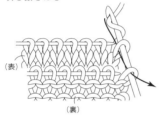
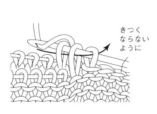

すくいとじ

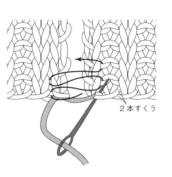

縦に糸を渡す編み込み

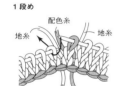

1目ゴム編み止め（輪編み）

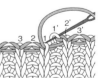

かぎ針編み

鎖編み

細編み

作品デザイン・制作

岡本真希子
笠間綾
風工房
河合真弓
かんのなおみ
小林ゆか
斉藤理子
すぎやまとも

素材協力

※ 糸
株式会社ダイドーフォワード
パピー 事業部（パピー）
東京都千代田区外神田 3-1-16
ダイドーリミテッドビル 3 階
TEL 03-3257-7135
http://www.puppyyarn.com

ハマナカ株式会社
京都府京都市右京区花園薮ノ下町 2 番地の 3
TEL 075-463-5151
http://www.hamanaka.co.jp

横田株式会社（DARUMA）
大阪府大阪市中央区南久宝寺町 2 丁目 5 番 14 号
TEL 06-6251-2183

※ 用具
チューリップ株式会社
広島県広島市西区楠木町 4-19-8
TEL 082-238-1144
http://www.tulip-japan.co.jp

撮影協力

※ ドール
ruruko（p.6）
株式会社ペットワークス
東京都世田谷区太子堂 2 丁目 12-3 オカベビル B 棟
TEL 03-5712-3055
http://www.petworks.co.jp

Betsy（p.17）
株式会社アゾンインターナショナル
神奈川県藤沢市石川 4-1-7
TEL 0466-89-0577
https://www.azone-int.co.jp

※ ドール衣装（p.6、p.17）
salon de monbon
http://salondemonbon.com
instagram http://instagram.com/salon_de_monbon

※ 小物
UTUWA TEL 03-6447-0070
AWABEES TEL 03-5786-1600

スタッフ

ブックデザイン　橘川幹子
撮影　momiji（表紙、p.1-20）、田辺エリ（p.21-23）
スタイリング　伊藤みき（tričko）
作り方・製図　佐々木初枝
トレース　松尾容巳子
編み方イラスト　小池百合穂（p.49, p.62〜63）
校正　庄司靖子
編集　中田早苗

乱丁・落丁などの不良品、内容に関するお問い合わせは、
小社ウェブサイトお問い合わせフォームまでお願いいたします。

ウェブサイト　https://www.nihonbungeisha.co.jp/

世界の伝統柄を編む

ミニチュア ニットコレクション

2019 年 10 月 1 日　第 1 刷発行
2025 年 5 月 10 日　第 5 刷発行

編　者　日本文芸社
発行者　竹村 響
印刷所　株式会社光邦
製本所　株式会社光邦
発行所　株式会社 日本文芸社
〒100-0003　東京都千代田区一ツ橋 1-1-1　パレスサイドビル 8F

Printed in Japan　112190918-112250501 Ⓝ 05　(201066)
ISBN978-4-537-21720-9

© NIHONBUNGEISHA 2019
編集担当　吉村

印刷物のため、作品の色は実際と違って見えることがあります。ご了承ください。
本書の一部または全部をホームページに掲載したり、本書に掲載された作品を複製して店頭やネットショップなどで無断で販売することは、著作権法で禁じられています。

法律で認められた場合を除いて、本書からの複写・転載（電子化を含む）は禁じられています。また、代行業者等の第三者による電子データ化および電子書籍化は、いかなる場合も認められていません。